BEI GRIN MACHT SICH IHR WISSEN BEZAHLT

- Wir veröffentlichen Ihre Hausarbeit,
  Bachelor- und Masterarbeit

- Ihr eigenes eBook und Buch -
  weltweit in allen wichtigen Shops

- Verdienen Sie an jedem Verkauf

Jetzt bei www.GRIN.com hochladen und kostenlos publizieren

Katharina Kantreiter

Lernkompetenzförderung bei Kindern und Jugendlichen

GRIN Verlag

Bibliografische Information der Deutschen Nationalbibliothek:

Die Deutsche Bibliothek verzeichnet diese Publikation in der Deutschen National-
bibliografie; detaillierte bibliografische Daten sind im Internet über http://dnb.d-
nb.de/ abrufbar.

Impressum:

Copyright © 2008 GRIN Verlag GmbH
Druck und Bindung: Books on Demand GmbH, Norderstedt Germany
ISBN: 978-3-640-43053-6

Dieses Buch bei GRIN:

http://www.grin.com/de/e-book/134870/lernkompetenzfoerderung-bei-kindern-
und-jugendlichen

GRIN - Your knowledge has value

Der GRIN Verlag publiziert seit 1998 wissenschaftliche Arbeiten von Studenten, Hochschullehrern und anderen Akademikern als eBook und gedrucktes Buch. Die Verlagswebsite www.grin.com ist die ideale Plattform zur Veröffentlichung von Hausarbeiten, Abschlussarbeiten, wissenschaftlichen Aufsätzen, Dissertationen und Fachbüchern.

Besuchen Sie uns im Internet:

http://www.grin.com/

http://www.facebook.com/grincom

http://www.twitter.com/grin_com

Universität Koblenz-Landau, Campus Landau

Institut für Psychologie

Sommersemester 2008

Seminar: Kognitive Entwicklung: Lernen und Gedächtnis

Lernkompetenzförderung bei Kindern und Jugendlichen

Abgabedatum: 20.08.2008

von

Katharina Kantreiter

Diplom- Erziehungswissenschaft, 6. Fachsemester

Inhaltsverzeichnis

1. Einleitung 3

2. Begriffsklärung 4

3. Fördermodelle 5

   3.1. „Reciprocal Teaching" nach Brown und Palincsar 5

   3.2. Das Selbstinstruktionstraining nach Lauth 7

   3.3. Vergleich beider Programme 8

4. Schlussbetrachtung 11

5. Literaturverzeichnis 12

Internetquellen: 12

1. Einleitung

Diese Ausarbeitung befasst sich mit dem Thema Lernkompetenzförderung von Kindern und Jugendlichen. Im Rahmen der Kognitiven Wende um 1960 entwickelt sich innerhalb der psychologischen Wissenschaft ein Trend von einer behavioristischen zu einer kognitiven Denkweise. Während im Behaviorismus mit dem Modell der ‚Black Box' nur objektiv messbare Verhaltensweisen erfasst werden, berücksichtigt die kognitivistische Sichtweise physiologische Vorgänge im Menschen. Wissenschaftler beschäftigen sich zunehmend mit der Erforschung von Gedächtnisleistungen. Damit wird das Reiz- Reaktionsschema des Behaviorismus durch die Informationsverarbeitungsprozesse ergänzt. Eine wichtige Rolle für die Wende zum Kognitivismus spielt die Entwicklungstheorie Jean Piagets. Er beschreibt Lernvorgänge als Austauschprozess zwischen Individuum und Umwelt. Der Lernende entwickelt abhängig von seinem Alter seine kognitiven Strukturen und Schemata aus. Das Wissen um die damit verbundenen Erkenntnisse legt einen wichtigen Grundstein für die beginnende Bildungsexpansion.

Auf dem Weg zur Wissensgesellschaft benötigt jeder Mensch die Fähigkeit lebenslang zu lernen, also Lernkompetenz. Seit den 70iger Jahre werden verschiedenste Trainings zur Förderung von Lernkompetenzen entwickelt. Nun stellt sich die Frage, welches Training die Lernkompetenz von Kindern und Jugendlichen effektiv fördert. Ziel dieser Ausarbeitung ist es anhand eines Vergleichs zweier ausgewählter Förderprogramme, dem ,,Reciprocal Teaching" nach Brown/Palincsar und dem ,,Programm zur Vermittlung kognitiver Fähigkeiten" nach Lauth, die jeweiligen Stärken und Schwächen darzustellen und ihre Sinnhaftigkeit für die praktische Anwendung kurz zu diskutieren.

Die Begriffklärung geht ausschließlich auf den Bereich der Psychologie und Pädagogik ein und schließt andere Definitionsbereiche aus. Die dargestellten Modelle können nur kurz erläutert werden. Diese Ausarbeitung verzichtet auf eine historische Betrachtung in der Entwicklung der Lernkompetenzförderung sowie auf Theorien zur kognitiven Entwicklung des Menschen.

2. Begriffsklärung

Bevor auf die Förderprogramme eingegangen wird, sind grundlegende Begriffe, die mit dem Thema verbunden sind, zu erläutern. Zunächst wird der Begriff Lernen definiert: „Allgemeine, umfassende Bezeichnung für Veränderung des individuellen Verhaltens auf bestimmte Reize, Signale, Objekte und Situationen. Sie haben ihre Grundlage in (wiederholten) Erfahrungen, die automatisch registriert und/oder bewusst verarbeitet werden. […] Die vermittelten Prozesse des Lernens beziehen sich auf Veränderungen der Verhaltensmöglichkeiten oder -Bereitschaften und bilden die latente Grundlage für im Situationsbezug manifeste Verhaltens-, Auffassungs- und/oder Denkweisen. Lernen und Gedächtnis stehen in engem Zusammenhang." (Fröhlich, 1991, S. 223) Demnach kann Lernen als ein Anpassungsprozess verstanden werden, indem das Individuum sich an die Umwelt anpasst. Um absichtlich oder beiläufig zu lernen sind Wiederholungen notwendig. Erlernte Informationsverarbeitungsprozesse im Gedächtnis helfen dem Lernenden in variierenden Situationen angemessen zu handeln.

Der nächste zu erläuternde Begriff lautet Kompetenz. Kompetenz ist die „Allgemeine Bezeichnung für die sachliche Zuständigkeit eines Menschen bei der Lösung von Problemen, für bestimmte umschriebene Leistungen oder - als soziale Kompetenz- für den Umgang mit Mitmenschen. Die Verfügung von Kenntnissen und Fertigkeiten bzw. ihr gezielter Einsatz zur erfolgreichen Bewältigung von Aufgaben- oder Problemsituationen wird auch als Wirksamkeitsmotivation oder Effektanzmotiv bezeichnet." (Fröhlich, 1991, S. 206) Diese psychologische Definition von Kompetenz umschreibt allgemein die kognitiven Fähigkeiten mit Problemen umzugehen und sie zu lösen, über die ein Mensch bereits verfügt und/oder die er/sie erlernen kann. Als kompetent gilt eine Person, die aufgrund erlernter Verhaltensmöglichkeiten in verschiedenen Situationen erfolgreich Probleme lösen kann. In engem Zusammenhang mit Kompetenz stehen Motivation und Bereitschaft. (Fröhlich, 1991)

Was ist schließlich Lernkompetenz? Eine Definition von Lernkompetenz der SPD Hessen (2008) erläutert den Begriff gut verständlich, ohne aber in eine politische Dimension abzuschweifen oder gar einen politischen Standpunkt zu vertreten. „ Lernkompetenz – „Lernen lernen" – ist die Fähigkeit, einen Lernprozess zu beginnen und weiterzuführen. Der Einzelne sollte in der Lage sein, sein eigenes Lernen zu organisieren, auch durch effizientes Zeit- und Informationsmanagement, sowohl alleine als auch in der Gruppe. Lernkompetenz beinhaltet das Bewusstsein für den eigenen Lernprozess und die eigenen Lernbedürfnisse, das Feststellen des vorhandenen Lernangebots und die Fähigkeit, Hindernisse zu überwinden, um erfolgreich zu lernen. Lernkompetenz bedeutet, neue Kenntnisse und Fähigkeiten zu erwerben, zu verarbeiten und aufzunehmen sowie Beratung zu suchen und in Anspruch zu nehmen. Lernkompetenz veranlasst den Lernenden, auf früheren Lern- und Lebenserfahrungen aufzubauen, um Kenntnisse und Fähigkeiten in einer Vielzahl von Kontexten – zu Hause, bei der Arbeit, in Bildung und Berufsbildung – zu nutzen und anzuwenden. Motivation und Selbstvertrauen sind für die Kompetenz des Einzelnen von entscheidender Bedeutung." (http://spdnet.sozi.info/hessen/pauly-bender/dl/Schluesselkompetenzen_820.05.pdf) Diese Definition ist ausführlich genug und selbsterklärend, sodass auf weitere Erläuterungen verzichtet werden kann.

Zuletzt betrachten wir kurz den Begriff der Förderung:

„Förderung bedeutet:

● Unterstützung, Hilfe, Nachhilfe

● Unterstützung bei der Entwicklung besonderer Fähigkeiten und Begabungen

● Herausarbeiten, Entwickeln und Differenzieren individueller Kompetenzen"

(http://de.wikipedia.org/wiki/Förderung)

Demnach kann man unter Lernkompetenzförderung die Unterstützungs- und Hilfemaßnahmen verstehen, die die Entwicklung von effektiven Denk-, Verstehens- und Lernleistungen angemessen begünstigen.

Im folgenden Kapitel werden zwei Förderkonzepte, die Lernkompetenzentwicklung unterstützen, vorgestellt.

3. Fördermodelle

3.1. „Reciprocal Teaching" nach Brown und Palincsar

Das erste Trainingsprogramm, dass vorgestellt werden soll ist das „Reciprocal Teaching" nach Brown und Palincsar. Es wird in den 80iger Jahren des letzten Jahrhunderts an der Universität Illinois um die Arbeitsgruppe von Ann Brown entwickelt. Das Konzept besteht aus vier Eckpfeilern: die Ausbildung exekutiver Metakognition, der Zone der nächsten Entwicklung, Anleitung durch Experten und dem Entdeckenden Lernen. Unter exekutiven Metakognitionen verstehen Brown & Palincsar die Prozesse und Aktivitäten, die der Überwachung und Steuerung sowie der Koordination und Bewertung der eigenen Lernprozesse dienen. Um das Lernen stetig zu verbessern benötigt der Lernende grundlegende Lern- und Behaltenstechniken. Die Zone der nächsten Entwicklung lässt sich so verstehen, dass unterschieden wird in einen aktuellen und potentiellen Entwicklungsstand. Der erstere bezieht sich auf Probleme, die eine Lernperson allein lösen kann und die zweite bezieht sich auf Probleme, die eine Person unter Anleitung ausführen kann. Es wird von Brown & Palincsar die Frage gestellt, wie eine Lernsituation gestaltet sein muss, damit der potentielle Entwicklungsstand ausgebaut und verinnerlicht wird. Diese Erweiterung führt zu einer Steigerung des aktuellen Entwicklungsstandes. Wie eine entsprechende Lernsituation aussehen soll, wird durch die Anleitung durch Experten beschrieben. Der Trainer muss sich über die Fähigkeiten eines Schülers bewusst sein. Ebenso muss er selbst die Trainingsmethode beherrschen. Die Instruktionen werden so erklärt, dass sie den Fähigkeiten des Lernenden gerecht werden und die Person nicht überfordern. Der Trainer muss dafür kein Lehrer sein und über didaktische und methodische Kompetenzen verfügen. Als wichtige Anforderung an den Trainer wird Erfahrung im Bearbeiten der Aufgabenanforderung angesehen. Das Entdeckende Lernen ist der Anleitung durch den Trainer sehr ähnlich. Doch im Unterschied wird beim entdeckenden lernen vom Lernenden verlangt, dass er die Lösungswege über einen Dialog mit Hilfestellungen seitens des Trainers selbst findet.

Wichtigstes Ziel dieses Trainings ist es mit Grundlage von wechselseitigen Lehr - Lern - Schritten die Lernkompetenzen aufzubauen mit denen effektives selbstständiges Lernen möglich wird. Insgesamt sollen die Lern-, Denk und Verstehensfertigkeiten also verbessert werden.

Um die Umsetzung eines Trainings deutlich zu machen, wird im folgenden auf die Förderung von Textlernkompetenzen eingegangen für die das „Reciprocal Teaching" ursprünglich konzipiert wurde. Ziel soll es sein Leseverständnis und selbstständige Kontrolle zu verbessern. Aufgaben können es sein, Texte zusammenzufassen, Fragen an den Text zu formulieren, Möglichkeiten der Weiterentwicklung der Geschichte im Text überlegen und Mehrdeutigkeiten zu erkennen und zu klären. Die Vermittlung erfolgt, wie schon erwähnt, über einen Dialog zwischen Trainer und Lernenden. Als erstes demonstriert der Trainer klar die Verstehensaktivitäten. Er versucht die Sinnhaftigkeit, Möglichkeiten und Grenzen der jeweiligen Strategie zu erklären und deren Nutzen deutlich zu machen. Die Lernenden sollen schrittweise an

Eigenverantwortung übernehmen. Der Trainer gibt den Teilnehmern regelmäßig Rückmeldung über den Stand ihres erreichten Kompetenzniveaus und motiviert zu weiterem Kompetenzaufbau.

Das „Reciprocal Teaching" beansprucht 20 Trainingssitzungen zu je 25 Minuten. Das Trainingsmaterial besteht aus etwa 100 Texten mit jeweils 400 Wörter, die bearbeitet werden. (Hasselhorn & Mähler, 1990)

3.2. Das Selbstinstruktionstraining nach Lauth

Im folgenden wird das Programm zur Vermittlung kognitiver Fähigkeiten, das Selbstinstruktionstraining nach Lauth vorgestellt. Es wird Ende der 70iger Jahre an der Universität Oldenburg entwickelt. Das Programm stützt sich auf drei Theorien: die Handlungstheorie, Problemlösefertigkeiten retardierter Kinder und die verbalen Selbstinstruktion. Die Handlungstheorie geht davon aus, dass Handeln bewusst und zielgerichtet ist. Außerdem ist das handeln strukturiert in über- und untergeordnete Handlungsschritte. Lernziel dieses Programms ist es bewusste Handlungen zu automatisieren und unbewusste Handlungen bewusst zu machen. Lauth leitet ‚unmittelbare Störungsmomente' aus Handlungsmisserfolgen ab. Das können zum Beispiel unangemessene Kognitionen sein (hohe Ansprüche an die eigene Leistung, unrealistische Ziele, etc.), das Fehlen handlungsrelevanter Kognitionen, der Gebrauch unangemessener Handlungen oder auch das Fehlen grundlegender Fertigkeiten. Daraus ergeben sich auch Problemlösefertigkeiten von retardierten Kinder. Sie weisen klare Defizite in der metakognitiven Verhaltenssteuerung und bei der Befolgung von Strategien. Es fällt diesen Lernenden schwer, Informationen aus Texten zu verallgemeinern. Probleme bereiten ebenso die Einordnung eines Problems und das Suchen von angemessenen Lösungsmöglichkeiten aufgrund mangelnde Vorkenntnisse bzw. dem Fehlen von Basisfertigkeiten. Häufig damit verbunden sind starke Motivationsprobleme durch erfahrene Misserfolge. Als Handlungskonsequenz kann es dann zu einer Vermeidung von Lernsituationen und - anforderungen kommen. Um mit einem geeigneten Training diesen Defiziten entgegenzuwirken stützt sich Lauth auf die von Meichenbaum & Goodman entwickelten Methode der verbalen Selbstinstruktion. Diese Methode beinhaltet kognitives Modellieren, die Anleitung zu mündlicher Handlungsregulation und die Bearbeitung, vom anforderungsgrad her, unterschiedlicher Aufgaben.

Aus diesem bisher vorgestellten theoretische Konzept ergeben sich für die Durchführung eines Trainings folgenden Ziele: die Vermittlung allgemeiner

Problemlösestrategien, die selbstständige Anwendung der erlernten Strategien sowie deren Steuerung und Kontrolle, die Förderung der Entwicklung von Flexibilität und Reflexivität und die Motivation des Lernenden im Bezug auf das Lernen soll gestärkt werden.

Die Umsetzung des Trainings erfolgt über fünf Stufen. Zunächst wird der Problemlösevorgang durch den Trainer erläutert und demonstriert. Es kann diskutiert werden, was daran sinnvoll ist oder nicht. Anschließend folgt eine Übung in der die Lernenden den Vorgang übernehmen sollen. Die Selbstregulierung erfolgt erst über laute Selbstinstruktion, dann leise und zum Schluss still in Gedanken. Die Ergebnisse werden ausgewertet, ebenso die Methode an sich. Der Schwierigkeitsgrad der Aufgaben wird immer wieder sinnvoll erhöht. Zum Schluss folgt eine Spielphase, die die Lernenden selbst gestalten dürfen.

Ein solches Lernkompetenztraining kann einzeln oder in einer Gruppe z.B. einer Lerngruppe stattfinden. Im Idealfall sind nicht mehr als 4 lernende anwesend. In der Regel finden 8 Sitzungen mit jeweils 30 bis 60 Minuten Zeitspanne statt. Das Selbstinstruktionstraining wird heute häufig als Therapie für Lernstörungen sowie Eltertraining, Lehrerberatung und anderen angewandt. (Hasselhorn & Mähler, 1990; Lauth, 2004)

3.3. Vergleich beider Programme

Das folgende Kapitel beschäftigt sich mit dem Vergleich der erläuterten Fördermodelle. Neben allgemeinen Merkmalen der Trainings wird auf in Studien beobachtbare Effekte eingegangen. Im Anschluss wird der Frage nachgegangen, welches dieser Trainings allgemein als wirksamer eingestuft werden kann.

Beide Konzepte weisen zeitliche, räumliche und personelle Unterschiede auf. Während das ,,Reciprocal Teaching" in den 1980iger Jahren von Brown & Palincsar in den USA entwickelt wird, entwickelt Lauth sein Selbstinstruktionstraining in den 1970iger Jahren in Deutschland. (Hasselhorn & Mähler, 1990; Lauth, 2004) Es gibt kulturelle und historische Unterschiede beider Länder, die wahrscheinlich die Reifung der Trainings prägt. Das US Konzept hat den Vorteil, dass es auf ein größeren Wissensvorrat aufbaut und Erfahrungen bisheriger Programme einfließen lassen kann.

Die Zielsetzung der beiden Konzepte ist ähnlich. Es geht im allgemein um die Förderung verschiedener Lernkompetenzen. Die Lern-, Denk- und Verstehensleistung soll verbessert werden, um selbstständiges Lernen zu ermöglichen. Auch metakognitive Prozesse wie Überwachen und Steuern des eigenen Lernprozesses oder kognitives Modellieren gilt es zu verbessern. Ein entscheidender Unterschied besteht in der jeweiligen Zielgruppe. Brown & Palincsar wählen die Gruppe der Schulkinder und Jugendlichen. Lauth setzt seinen Schwerpunkt auf „Allgemeine Lernschwäche [...], Underachievement [...], Lernbehinderung [...], Hyperkinetische Störung und deren subklinische Erscheinungsformen [...]." (Lauth, 2004, 362) Retardierte Kinder weisen Defizite in metakognitiven Denkprozessen auf. Schulkinder ohne Lernschwäche bringen bereits ein Grundwissen um Lern- und Behaltenstechniken mit. Da Lernschwache außerdem häufig Misserfolge erleben, steht bei Lauth die Förderung positiver Motivation mit im Vordergrund. Hier gilt als Lernkompetenz, mehr als bei Brown & Palincsar, auch Angst und Unsicherheiten zu beheben und Konflikte zu lösen (Vermittlung von Problemlösestrategien). Gemeinsamkeiten zwischen den Konzepten gibt es in der praktischen Förderarbeit. Durch die Sitzungen erlangt der Lernende einen stetigen Wissenszuwachs. Und der Lernende bekommt Rückmeldung über seinen Wissensstand und seine Herangehensweise. Die Aufgaben, die er zu erfüllen hat, sind an seinem Wissensstand orientiert. Der Trainer hat in beiden Trainings die Aufgabe erst zu erklären und die Lösungswege verständlich zu machen. Im weiteren Verlauf übernimmt der Lernende immer mehr Verantwortung und handelt selbstständig. Der Trainer motiviert zu neuen Aufgaben. Unterschiede gibt es im zeitlichen und inhaltlichen Rahmen. Die Sitzungen sind nach Lauth als acht Einzel- oder Kleingruppensitzungen konzipiert. Beim „Reciprocal Teaching" finden 20 Sitzungen zu 25 Minuten statt und als Übungsmaterial werden etwa 100 Texte verwendet. Beim „Selbstinstruktionstraining" sind die Aufgaben frei wählbar und orientieren sich an der Förderung. Der Dialog zwischen Trainer und Lernperson ist beim „Reciprocal Teaching" stärker ausgeprägt.

Beide Konzepte sind durch Studien auf Effektivität und Nutzen geprüft. Das Training von Lauth wird durch zwei Studien überprüft. Eine Studie wird an Lernbehinderten, die andere an Grundschülern durchgeführt. In beiden Studien wird festgestellt, dass der IQ ansteigt und die metakognitiven Handlungen sich verbessern. Aber in der Studie mit den Lernbehinderten wird nicht über eine verbesserte Leistung berichtet. Auch gibt es keine sichtbare Effekte im Alltag oder im Unterricht. Verbesserte Schulleistungen sind in der Studien mit Grundschulkindern verzeichnet. Damit kann das Konzept von Lauth als effektiv angesehen werden.

Die Auswirkungen des „Reciprocal Teaching" sind in mehreren Studien belegt. Meist werden Schüler der siebten oder achten Klasse getestet, die einen unterdurchschnittlichen IQ aufweisen. Es wird mit diesen Kindern die Text-Lern Variante durchgeführt. Bei allen Studien kommt es zu Verbesserungen der Lernleistung und metakognitiven Handlungen der Kinder. Auch wird nachgewiesen, dass die Transfereffekte sich verbessern. In der Praxis ist das Konzept in die pädagogische Arbeit eingebettet. Für die Studien sind nicht mehr reine Laborbedingungen notwendig. Positive Auswirkungen sind durch Studien belegt. (Hasselhorn & Mähler, 1990; Lauth, 2004)

4. Schlussbetrachtung

Diese Ausarbeitung hat bewiesen, dass es effektive Modelle zur Förderung von Lernkompetenzen gibt. Die Konzepte von Lauth und Brown & Palincsar haben in Studien ihre Wirksamkeit unter Beweis gestellt. Damit können auch Kinder und Jugendliche eine gute oder „normale" Leistung erzielen, welche vorher nicht denkbar gewesen wäre. Beide Trainings leisten damit einen wichtigen Bestandteil zur Förderung von benachteiligten Kindern. Das beide auch noch in der heutigen Zeit angewandt werden ist ein weiterer Beleg für deren Effektivität. Nun kann hier nicht normativ geurteilt werden, welches der beiden nun besser ist. Jedes hat für sich seine Vorteile, seine Stärken und Schwächen, wie im Vergleich dargestellt. Aber es wurde gezeigt, dass es Möglichkeiten gibt benachteiligten Kindern zu helfen und das auf mehreren Wegen. Die Rolle der Lehrperson hat sich durch diese Konzepte sehr zu Gunsten der Lernpersonen entwickelt. Die Lehrperson ist nun ein helfender Partner und kein strafender Lehrer mehr. Strategien werden im Dialog erarbeitet und der Lernende bekommt ständig Rückmeldungen. Damit steigt auch die Motivation und Bereitschaft zur Wissensaufnahme und Teilnahme an der Förderung. Gerade in der heutigen Wissensgesellschaft ist es wichtig sich ständig weiterzubilden. Bis ins hohe Alter hinein sind Lernkompetenzen sehr wichtig. Denn es ist nicht nur die Wissensaufnahme, sondern auch die Wissensweitergabe, die an Bedeutung zunimmt. Das Wort der Förderung erhält damit auch keinen negativen oder abwertenden Beigeschmack mehr, wie dies noch vor den 70er Jahren war. Sondern es steht für Verbesserung, Optimierung und Flexibilität. Damit haben die Wissenschaftler auch einen Beitrag dazu geleistet Hemmungen abzubauen.

5. Literaturverzeichnis

Fröhlich, W.D.(1991): Wörterbuch zur Psychologie.18. Auflage, München: Deutscher Taschenbuchverlag.

Hasselhorn, M. & Mähler, C. (1990). Lernkompetenzförderung bei „lernbehinderten" Kindern: Grundlagen und praktische Beispiele metakognitiver Ansätze. Heilpädagogische Forschung, 26 (1), 2-11.

Lauth, Gerhard (2004): Selbstinstruktionstraining. In: Lauth, Gerhard; Grünke, Matthias; Brunstein, Joachim C. (Hrsg.): Interventionen bei Lernstörungen. Göttingen, Bern, Toronto, Seattle: Hogrefe Verlag für Psychologie, S. 360-369.

Internetquellen:

http://spdnet.sozi.info/hessen/pauly-bender/dl/Schluesselkompetenzen_ 820.05.pdf; 11.08.2008.

http://de.wikipedia.org/wiki/Förderung; 11.08.2008.